LK 286.

ALLOCUTION

PAR

M. L'ABBÉ PASQUIER

Curé de Notre-Dame d'Angers,

A L'OCCASION DU COMPTE-RENDU

DE L'ETAT DES RECETTES ET DÉPENSES

Pour la reconstruction de

L'ÉGLISE DE CETTE PAROISSE

(Dimanche 30 novembre.)

ANGERS,

IMP.-LIB. DE VEUVE PIGNET-CHATEAU,

RUE SAINT-GILLES, 5.

1846

ALLOCUTION

DE

M. l'abbé Pasquier,

Curé de Notre-Dame d'Angers

Le dimanche 30 novembre 1845

A l'occasion du compte-rendu de l'état des recettes et dépenses pour

la reconstruction de l'église de cette paroisse.

Lorsque je suis venu dans cette paroisse, je m'affligeai avec vous de l'état de délabrement où se trouvait votre église. Cet état ne pouvait durer plus longtemps. Le pasteur et les paroissiens étaient dans l'obligation rigoureuse de le faire cesser. Cette obligation, vous l'avez admirablement comprise. Je n'ai donc point à combattre ici ces chrétiens qui n'ont pas l'intelligence des choses de Dieu, et qui, habitant des palais somptueux, consentiraient volontiers que l'église ne fût qu'une crèche et une étable. Tels n'étaient pas les sentiments du saint roi David, lorsque, formant le projet d'élever au Seigneur un temple à Jérusalem, il gémissait en présence du prophète Nathan, et lui disait avec l'accent d'une pieuse douleur : J'habite un palais, un palais magnifique, et l'arche du Seigneur est encore sous des tentes. *Ego habito in domo cedriná, arca autem fœderis Domini sub pellibus est.* (PAR. 17—1)

Sans doute une étable, un grenier, une prison, le fond d'un bois, tout peut devenir un autel, un temple pour le culte de celui qui n'avait pas où reposer sa tête, mais qui sanctifie toutes choses par sa présence. Ce dénuement du culte, lorsqu'il est l'effet de la persécution et de l'exil soufferts pour la religion, ne le rend que plus auguste ; la persécution et l'exil raniment la foi et la charité dans les cœurs vraiment chrétiens ; or, la foi et la charité sont le plus bel ornement de nos temples. Aussi quel spectacle plus ravissant que celui des premiers chrétiens offrant le sacrifice adorable de la rédemption à la lueur des flambeaux, au fond des catacombes de Rome et sur les tombeaux des martyrs !

Mais dans les temps ordinaires le dénuement de la maison de Dieu est un désordre qui annonce l'absence complète de la foi et de la charité chez un peuple. Lorsque vous voyagez, voulez-vous connaître l'esprit des paroisses que vous parcou-

rez, allez visiter l'église, et vous jugerez infailli-
blement de l'esprit qui les anime par le soin ou
la négligence que l'on met à l'entretenir et à la
décorer. Dans les temps ordinaires l'église doit
donc être digne de sa noble destination, qui est
la gloire de Dieu, la sanctification des âmes.

Ce n'est pas, au reste, que Dieu ait besoin de
cet appareil. Enveloppé dans sa propre grandeur,
quel bien peut-il retirer de nos hommages? C'est
nous qui avons besoin de Dieu, parce que de lui
seul découle tout don parfait. Mais comme trop
souvent nous sommes tentés de nous en éloigner,
il nous faut un temple, qui, par ses décorations
convenables, par les mystères qu'on y célèbre,
nous rappelle plus vivement sa présence, son
amour et l'obligation si honorable qu'il nous im-
pose de le connaître, de l'aimer et de le glorifier.
N'est-il pas vrai, en effet, que nous nous sentons
plus recueillis, plus disposés à prier, plus rappro-
chés de Dieu dans une église décemment ornée,
pourvue de tous les objets propres à inspirer la
piété, que dans ces sanctuaires désolés, plus sem-
blables à une maison abandonnée qu'à la maison
de Dieu, plus faits pour contrister et éteindre la
foi que pour la réjouir et la rallumer dans les
cœurs. « Aussi jamais on n'entre dans une église

« catholique, a dit une femme célèbre, une femme
« protestante, Madame de Staël, sans y ressentir
« une émotion qui fait du bien à l'âme, et lui
« rend, comme par une ablution sainte, sa force
« et sa pureté. » — « Il n'est pas d'âme si dégé-
« nérée, ajoute un écrivain religieux, qui n'ait
« fait l'expérience de cette vérité. On en a vu
« résister aux preuves directes de la religion,
« céder à cette impression salutaire, et rapporter
« de leur simple passage dans une église un germe
« de foi qui déterminait tôt ou tard leur conver-
« sion. »

Je ne veux, du reste, d'autres interprêtes de cette vérité près de vous que vous-mêmes ; tant de fois je vous ai entendu exprimer le vœu ardent que ce temple fût reconstruit et répondît davantage à votre piété. C'est donc le désir de vous être agréable, et tout ensemble celui de procurer la gloire de Dieu, le besoin de vos âmes, la confiance en votre amour si connu pour les bonnes œuvres qui ont singulièrement encouragé mon zèle. Quand le temps a été venu, je vous ai annoncé mon dessein, et je n'ai pas trop présumé de votre bonne volonté. J'ai fait publiquement un appel à votre foi, et vous y avez répondu avec une touchante unanimité.

Il n'y a pas eu de contradictions sur ce point. L'église s'est élevée en peu de temps plus magnifique que je ne l'espérais, et une fois convenablement ornée, elle sera sans contredit une des plus belles de cette ville.

Mais vous avez pensé que la somme donnée jusqu'à ce jour ne suffirait pas pour achever un édifice aussi considérable, et prévu que je serais obligé de recourir une seconde fois à votre dévouement. J'ai donc la conviction que vous accomplirez une œuvre commencée avec tant de zèle.

Quelles difficultés pourrais-je craindre, en effet, de la part d'une paroisse où il y a tant d'intelligence, qui s'est toujours montrée animée d'un si bon esprit, où dans tous les temps on a trouvé de l'écho toutes les fois qu'il a été question de quelque bien à faire ? Alléguera-t-on les bonnes œuvres qui se multiplient partout ? Vous devez vous en féliciter et en bénir le Seigneur ; car c'est une preuve consolante que la foi et la charité ne sont pas éteintes parmi vous. Mais au rang des œuvres les plus méritoires vous devez placer la décoration de votre église paroissiale. Qu'est-ce, en effet, qu'une église ? C'est d'abord la maison de Dieu, et c'est le Seigneur lui-même qui nous le fait

connaître. « J'ai choisi , nous dit-il, ce lieu , je l'ai sanctifié afin que mon nom y soit toujours invoqué , que mon cœur et mes yeux y soient toujours attachés. (2 Par. 7—16.) » C'est ensuite la maison du chrétien : « Il n'est point de cir-
« constance solennelle, dit à ce sujet un illustre
« prélat , point d'acte important de la vie qui ne
« soient consaerés dans son enceinte. Là, vous
« avez pris une nouvelle naissance qui a corrigé
« le vice de votre première origine ; là vous avez
« essayé vos premiers pas dans la carrière de la
« vertu , et votre langue a été formée à bégayer
« les premières louanges à la gloire du créateur ;
« là votre enfance a été nourrie du lait de la di-
« vine sagesse ; là vous avez grandi sous les ailes
« de la religion , fortifiés du pain de la parole et
« du pain de l'Eucharistie ; là vos alliances ont
« été bénies ; là s'écoulent pour vous les heures
« d'un doux et saint repos au milieu des vapeurs
« de l'encens, et de l'harmonie des hymnes et des
« cantiques ; là enfin , quand vos yeux se seront
« fermés à la lumière, vous viendrez recevoir les
« derniers adieux d'une famille en pleurs et les
« derniers vœux d'une religion qui fait briller
« le flambeau de l'espérance jusques dans les
« ombres du trépas. »

Vous parlez de bonnes œuvres ; mais quelle œuvre plus méritoire et plus impérieusement exigée par les besoins des jours mauvais où nous sommes, que celle qui a pour objet le soulagement des âmes? Oh ! qu'il y a d'âmes malades autour de nous ! Combien les souffrances morales ne sont-elles pas plus nombreuses mille fois que les souffrances corporelles ! Ne peut-on pas ajouter qu'une des causes les plus actives du paupérisme qui déjà commence à nous dévorer, c'est l'oubli de tous les principes et de tous les sentiments de la foi ? Eh bien ! c'est dans l'église, et dans l'église seulement que les âmes malades retrouvent le rafraîchissement et la santé. C'est dans l'église que le malheureux est consolé, que le pauvre apprend la résignation, que le riche devient miséricordieux. La source des bonnes œuvres, c'est la charité chrétienne. Pour alimenter la charité il faut la piété, et pour établir dans tous les cœurs le règne de la piété, il faut, nous ne saurions trop le répéter, des églises convenables ; la vôtre ne l'était pas, vous avez dû y pourvoir ; vous l'avez déjà fait ; vous le ferez encore ; vous ne laisserez pas une si belle œuvre inachevée. En deux mots : l'église est la maison de Dieu et la maison du chrétien. Contribuer à l'érection d'une église, c'est

donc travailler puissamment à la gloire de Dieu,
à la sanctification des âmes et au bonheur de ses
frères.

Ce motif soutiendra constamment votre bonne
volonté. Aussi bien, n'est-il pas nouveau. Sous la
loi Mosaïque comme sous la loi chrétienne, le
peuple fidèle a toujours montré le plus grand em-
pressement à concourir à cette œuvre fondamen-
tale et de première nécessité pour l'entretien du
culte religieux. Moïse, en effet, ayant assemblé la
multitude des enfants d'Israël, leur dit : « Voici
« ce que le Seigneur a ordonné : Mettez à part
« les oblations pour le Seigneur, et que chacun
« de vous offre volontairement l'or, l'argent et
« l'airain pour la construction du tabernacle.
« Alors toute l'assemblée des enfants d'Israël sor-
« tit de la présence de Moïse. Et ils offrirent avec
« un cœur brûlant de zèle les prémices au Sei-
« gneur pour l'édification du sanctuaire, pour
« tout ce qui devait y servir et pour les vêtements
« sacrés. On sépara les vases d'or pour les offrir
« au Seigneur. Les hommes et les femmes ap-
« portèrent leurs bracelets, leurs anneaux et leurs
« pendants d'oreilles. Les femmes qui étaient ha-
« biles donnèrent l'hyacinthe, la pourpre, l'é-
« carlate, le fin lin qu'elles avaient filés ; et elles

« les offrirent de leur plein mouvement. Les
« princes du peuple offrirent leurs pierres pré-
« cieuses pour l'éphod et pour le rational. En
« un mot tous les hommes et toutes les femmes
« offrirent avec un noble enthousiasme tout ce
« qu'ils avaient pour accomplir l'œuvre que le
« Seigneur avait commandée par Moïse. *Omnes*
« *viri et mulieres mente devotâ obtulerunt donaria ut*
« *fierent opera quæ jusserat Dominus per manum*
« *Moïsi.* » (EXODE, c. 35.)

Ne connaissons-nous pas encore le zèle si chrétien que nos pères, au moyen-âge, mirent à
élever au Dieu qu'ils adoraient des temples dignes
de sa majesté souveraine, et ne savons-nous pas
que nos plus belles cathédrales furent souvent le
fruit des pieuses libéralités des fidèles ? « Qui
« jamais a vu, écrivait en 1145 un religieux,
« supérieur d'un monastère en Normandie, en
« voyant s'élever à la place de sa modeste église
« une magnifique cathédrale, qui jamais a vu
« des princes, des seigneurs puissants dans le
« siècle, des hommes d'armes, des femmes dé-
« licates plier leur cou sous le joug auquel ils
« se laissent attacher, pour charrier de lourds
« fardeaux ? On les rencontre par milliers, traî-
« nant par fois une seule machine, tellement elle

« est pesante, et transportant du froment, du
« vin, de l'huile, de la chaux, des pierres et
« autres matériaux pour les ouvriers. Rien ne les
« arrête ; ni monts, ni vaux, ni rivières. Ils les
« traversent comme autrefois le peuple de Dieu.
« Mais la merveille est que ces groupes innom-
« brables marchent sans désordre et sans bruit.
« Leurs voix ne se font entendre qu'au signal.
« Alors ils chantent des cantiques, ou implorent
« merci pour leurs péchés. Arrivés à leur desti-
« nation, les confrères environnent l'église. Ils
« se tiennent autour de leurs chars comme des
« soldats dans leur camp. A la nuit tombante on
« allume les cierges, on entonne des prières, on
« porte l'offrande sur les reliques sacrées. Puis
« le prêtre, les clercs, le peuple fidèle s'en retour-
« nent dans leurs foyers, marchant avec ordre,
« en psalmodiant, et priant pour les malades et
« pour les infirmes. » Voilà, mes frères, quel
était le dévouement admirable de nos pères aux
intérêts de la gloire de Dieu. Voilà l'importance
qu'ils attachaient à l'œuvre sainte de la reconstruction et de l'embellissement des églises. Pen-
sez-vous que les autres œuvres de charité en fus-
sent plus négligées ? Ou plutôt ne voyez-vous pas
qu'en élevant à Dieu des temples dignes de sa

grandeur, ils s'occupaient en même temps des malades et des affligés? Foi et amour, c'était la devise de ces beaux temps; et cette foi et cet amour enfantaient des merveilles. Or n'avez-vous pas la même foi et le même amour? N'adorez-vous pas le même Dieu? Ne voulez-vous pas l'honorer comme l'honoraient vos pères, surtout, quand, pour les imiter, on ne vous demande qu'un léger sacrifice?

Alléguerez-vous les quêtes qui se font partout? Je vous répondrai avec le Sauveur que vous aurez toujours des pauvres parmi vous, toujours de bonnes œuvres à pratiquer, toujours la charité à exercer, et que Dieu l'a voulu ainsi pour votre sanctification. Croyez-moi; au lieu de vous en plaindre, imitez plutôt le père céleste dont vous êtes les enfants, et qui, selon les paroles de l'Évangile, sans jamais se lasser, répand chaque jour sur vous son soleil ou sa pluie, n'écoutant en cela que sa bonté et vos besoins sans cesse renaissants. Avouez que votre position est bien plus agréable que la mienne. Je demande, et c'est vous qui donnez. Or, dit saint Paul, il est plus doux de donner que de recevoir. Vous le savez par expérience. A moi tous les tourmens de l'œuvre, à vous toutes les consolations. Quelle consolation de pouvoir vous dire à vous-même : nos pères nous avaient laissé des maisons commodes, spacieuses, honorables, proportionnées à nos besoins et à notre fortune, et l'arche du Seigneur reposait sous un toît qui n'offrait que l'aspect de la désolation. Des frères, ou tièdes, ou indifférens, ou cédant aux calculs d'une prudence intéressée, nous disaient, comme autrefois les politiques et temporiseurs d'entre les Juifs, au retour de la captivité : Le temps n'est pas encore venu de relever la maison de Dieu. Est-il temps, répondait le Seigneur par la bouche de son prophète, que vous ayez des habitations décentes, somptueuses même ,et que cette maison sainte reste toujours déserte et abandonnée? Dociles à cette voix nous nous sommes mis à l'œuvre, nous avons placé en commun notre zèle, nos efforts, nos sacrifices, et le ciel a béni nos travaux; et c'est nous qui avons élevé ce temple à la gloire de Dieu, à l'honneur de Marie. Sans doute, ô mon Dieu, nous avons bien des fautes à nous faire pardonner, mais, avec le Roi Prophète, nous pouvons nous rendre ce consolant témoignage, que nous avons aimé la beauté de votre maison et le lieu très saint où habite votre gloire; et ce monument de notre foi s'élevant vers le ciel comme une prière éternelle, fera descendre sur nous la grâce et la miséricorde.

ETAT DES RECETTES ET DÉPENSES.

La note de tous les travaux, c'est à dire de ceux qui concernent la construction des murs, la restauration de l'ancienne partie de l'église, toutes les sculptures, la charpente, la chapelle des fonts, la ferrure de toutes les fenêtres, la sainte table, la grande porte, la porte latérale, la porte de la sacristie, le tambour, les stalles, le grand autel qui est en construction, etc., se monte à la somme de. . . . 86,000 fr.

Nous avons obtenu en souscriptions. 52,000 f.
Nous avons obtenu du gouvernement 20,000

Ce qui donne 72,000
Mais de cette somme de 72,000 fr. il faut soustraire 20,000 fr. déboursés pour l'acquisition de la maison qui était à la grande porte . . . . 20,000 ⎫
Pour frais de contrat . 1,000 ⎬ 21,000
⎭

51,000

Nous n'avons donc eu pour tous les travaux ci-dessus énoncés que 51,000

De 51,000 à 86,000 francs, il rsste . . . 35,000
qu'il nous faut trouver pour achever de payer.